MON COQ
edition

Weitere Hockey-Kids Bücher:

Überall im Buchhandel erhältlich

Sabine Hahn

Die Hockey-Kids

Das Abenteuer beginnt

Band 1

MON COQ
edition

Lars
Lars
-ungeduldig und stürmisch
-zuverlässig aber tollpatschig
-bester Freund von Lena und Max
Lena
-schlaues Köpfchen und kaum zu bändigen
-ansteckende Begeisterung für Hockey!
-genervt vom kleinen Bruder Frederik
Lena
Max
Max
-genauer Beobachter, leider etwas faul
-etwas verträumt aber schneller Läufer
-hat im Kindergarten Toiletten verwüstet
FELDHOCKEY

Bibliografische Information der Deutschen Nationalbibliothek:
Die Deutsche Nationalbibliothek verzeichnet diese Publikation in der Deutschen Nationalbibliografie; detaillierte bibliografische Daten sind im Internet über http://dnb.dnb.de abrufbar.

Amtsgericht Frankfurt am Main HRA 48866

Idee, Text und Illustration: Sabine Hahn, www.sabinehahn.net
Sportfachliches Lektorat: Chris Faust, www.coachchris.de
Herstellung: BoD – Books on Demand, Norderstedt

ISBN Buch: 978-3-9817970-2-2 / ISBN eBook: 978-3-9817970-3-9
ISBN Taschenbuch: 978-3-9818770-5-2

Die Hockey-Kids sind überall im Buchhandel und über den Verlag auf www.moncoq-edition.com erhältlich. Fragen zu Autorenlesungen und Leserbriefe an: kinderbuch@sabinehahn.net

Überarbeitete Auflage 2021

www.sabinehahn.net
www.moncoq-edition.com
www.facebook.com/DieHockeyKids

Inhalt

Vorwort

Liebe Kinder,

herzlich willkommen bei den Hockey-Kids!

Freunde sind einfach wunderbar! Das finden auch Lena, Max und Lars, denn mit ihnen geht man durch dick und dünn und die Schule macht gemeinsam noch viel mehr Spaß.

Was kann es Schöneres geben, als mit eben diesen Freunden einen tollen Sport zu entdecken und zu einem richtigen Team zu werden; einem Team, das jeden empfängt, keinen ausschließt und das jederzeit zusammenhält.

Seit ihrem ersten Erscheinen 2014 erleben Kinder mittlerweile auf der ganzen Welt die Abenteuer der Hockey-Kids. Sie malen und basteln mit ihnen, lesen ihre Bücher, stellen diese samt ihrem Lieblingssport in der Schule vor und machen Hockey weltweit mit vielen anderen zu dem, was uns alle mit ihm verbindet ...

zu unserer bunten Hockeyfamilie.

Werdet mit diesem ersten Band selbst Teil dieser großartigen Familie; erlebt die Freude am Hockeyspiel ganz neu ... in eurer Fantasie ... beim Lesen.

Und wer weiß, vielleicht trefft auch ihr die Hockey-Kids schon bald persönlich auf einer ihrer spannenden Lesungen in eurer Schule oder in eurem Verein.

Wir freuen uns auf euch!

Eure Sabine & Die Hockey-Kids

Der Aushang

„Autsch! Jetzt remple doch nicht so!“ Max reibt sich den Oberarm. „Pass doch auf!“

Doch Lars freut sich: „Wieso? So ist das eben beim Fangenspielen in der Schulpause. Ich hab´ dich gefangen und jetzt bist du dran. Das nächste Mal musst du eben besser aufpassen! Wo hast du denn überhaupt hingeschaut?“

Max zeigt in Richtung Schultreppe. Neugierig verfolgen die beiden Jungen, wie Frau Blume, die Schulsekretärin, vor dem Schaukasten steht und sämtliche Papierblätter des Aushangs herausnimmt. Etwas ratlos gerät sie ins Stocken; die herausgenommenen Papiere in der einen Hand, neue, farbige in der anderen.

„Was macht sie da?“, wundert sich Max. Lars zuckt mit den Schultern: „Wenn das die Ergebnisse vom Vorlesewettbewerb sind, will ich das gar nicht wissen!“

Doch Max bleibt hartnäckig: „Komm, wir gehen mal hin und fragen sie einfach.“ Mit eiligen Schritten läuft er über den Schulhof, Lars trottet widerwillig hinterher. Als sie am gläsernen

Schaukasten ankommen, hat sich Frau Blume etwas einfallen lassen, um die unzähligen Blätter nicht im Windstoß zu verlieren: Mit den Händen heftet sie bunte Zettel an den Aushang, während sie die anderen, alten Blätter zwischen ihren Zähnen eingeklemmt hält.

„Was sind das für bunte Papiere, Frau Blume?“, fragt Max sie offen heraus. Etwas überfordert nickt die Sekretärin in den Kasten: „Dasch schind die neuen Ageesch fürsch neue Schuljahr“, antwortet sie, die Blätter immer noch zwischen den Zähnen. Max hilft ihr nun, Klebestreifen abzutrennen, um die AG-Angebote zu befestigen. Erleichtert, dass es nicht die Ergebnisse des Lesewettbewerbs sind, rückt Lars etwas näher und liest:

„Nähen für Anfänger, Yoga zur Entspannung, Kochen für Kinder, … Na toll, das klingt ja alles wieder super-interessant! Aber nur für Mädchen!“

Frau Blume hat nun auch den letzten Zettel angebracht. „Danke, junger Mann!“, lächelt sie Max zu, „Hier rechts sind übrigens die Sportangebote. Da wird sicher auch etwas für euch Jungs dabei sein. Die Anmeldebögen gibt es demnächst von eurer Klassenlehrerin. Tschüss, ihr beiden!" Dann läuft sie zurück ins Schulgebäude. „Na, da bin ich ja mal gespannt", murmelt Lars und stellt sich zu Max, der schon die Sport-AGs gefunden hat. Gemeinsam lesen sie alles durch: „Tischtennis, Handball, Fußball, …" Nach und nach bleiben immer mehr Schüler vor dem Schaukasten stehen. Manche beginnen, sich vorzudrängeln, um besser sehen zu können. So auch Lena: „Max! Lars! Was gibt es hier zu sehen? Stehen die Sieger vom Lesewettbewerb endlich fest?" Mit dem Ellbogen quetscht sie sich durch ihre beiden Klassenkameraden.

„Nein ...", meint Max, „Die neuen AGs stehen hier. Aber wie immer nur das Übliche."

„Ach!", antwortet Lena, „Schaut einfach mal genauer hin. Vielleicht gibt es ja doch noch etwas Tolles!" Zu dritt gehen sie Angebot für Angebot durch, während rings um sie herum aufgeregtes Durcheinander herrscht.

„Also ich geh' in Fußball, ist doch klar!", erklärt Tom hinter ihnen, „Ich bin im Fußballverein. So jemand wie mich brauchen die doch hier!" Stolz schiebt er Max zur Seite. „Und ihr? Habt ihr schon etwas gefunden?"

Doch bevor Lars und Max antworten können, erklärt Lena dem Angeber: „Na, jedenfalls gehen wir nicht in Fußball! Das kann doch jeder!“

„Cool!“, hören sie plötzlich Stimmen aus der Menge hinter ihnen, „Hier gibt es auch eine Eisbahn an der Schule! Da will ich hin! Ich gehe in die Eishockey AG!“

Verdutzt drehen sich Lars, Max und Lena erneut zum Aushang. „Eishockey? Wo steht denn das schon wieder? Handball, Fußball, Rope-Skipping, ... Hockey.“ Lena verdreht die Augen. „Das ist kein Eishockey, sondern Feldhockey! Ohne Eis, dafür auf einem Kunstrasen!“, verbessert sie die anderen. „Das ist doch toll!“, meint sie, „Da können wir uns ja anmelden!“

Etwas skeptisch sehen sich Lars und Max an. Hockey? Das ist doch nur was für Mädchen. So, wie im Kinofilm, in dem alle kurze Röckchen anhatten und rosa Plastikteile im Mund.

„Nee, das ist nichts für uns!“, erklären beide gleichzeitig, „Das kannst du alleine machen.“

„Hockey?“, zischt Tom, „So ein Quatsch!“ Dann klingelt die Schulglocke und die Hofpause ist zu Ende.

AG ANGEBOTE
WC

Die Anmeldung

Nach wilden Fangspielen und der Aufregung um den neuen Aushang kehren alle Schüler in ihre Klassenräume zurück. Wie von Frau Blume angekündigt, teilt Lenas Klassenlehrerin Frau Otto noch am selben Vormittag die Anmeldebögen für die neuen AGs aus.

Während sie langsam von Tisch zu Tisch läuft und jedem Kind eine Anmeldung hinlegt, schaut Lena nach hinten zu Max und Lars. Etwas ratlos starren sie auf das Formular und sind nicht sicher, was sie wählen sollen. Eifrig hat Max aber schon seinen Namen eingetragen.

„Oh nein!“, stöhnt er plötzlich, „Jetzt hab` ich meinen Vornamen ins falsche Feld geschrieben! Ist das blöd!“ Mit kräftigen Strichen streicht er alles durch. „Wie verschmiert das jetzt aussieht!“

Verärgert beginnt er von vorn: Erst der Nachname, danach der Vorname und schließlich die Klasse. „Echt doof, diese Lücken! Wo *NAME* steht, schreibe ich meinen Namen rein!

Und ich bin eben der Max!“, erklärt er und schreibt weiter. Die Auswahl der AG will er am Nachmittag gemeinsam mit Lars überlegen.

Als Frau Otto durch sämtliche Tischreihen gelaufen ist, erklärt sie, dass alle bis zum Wochenende die Anmeldungen wieder abgeben müssen. „Vergesst aber nicht, auch noch einen zweiten Wunsch anzugeben. Manchmal kann es passieren, dass ein Kurs sehr voll ist und man darin keinen Platz mehr bekommt. Schreibt also gleich mehrere AGs auf, um sicher zu sein.“ Mit diesen Worten beendet sie für heute den Unterricht. Schnell verstauen alle Kinder ihre Hefte und Bücher in die Schultaschen und stürzen nach draußen.

Max und Lars sind wie immer die letzten, die den Klassenraum verlassen. Erst will Lars noch einen Schluck trinken und dann muss Max sich den rechten Schuh binden.

„Wie lange das bei euch beiden immer dauert!“, meckert Lena, die in der Klassenzimmertür auf die Jungen wartet. Doch schon flitzen die zwei los und ziehen Lena aus Spaß die rosa Pulli-Kapuze über den Kopf. Zu dritt und laut lachend laufen sie wenig später gemeinsam nach Hause.

Schon seit dem Kindergarten kennen sich Lena, Lars und Max. Damals fand Lena die beiden ziemlich nervig: ständig bewarfen sie sich mit Sand, versperrten die Rutsche oder pinkelten im Kindergarten-Klo daneben. Doch da ihre Mütter sich prächtig verstanden, trafen sich die drei auch nachmittags auf dem Spielplatz und schließlich kamen sie sogar in eine gemeinsame Schulklasse. So wurden sie irgendwann doch noch fast beste Freunde und das ist bis heute so geblieben.

„Und? Habt ihr euch nun überlegt, in welche AG ihr gehen wollt?“, fragt Lena ihre Jungs, während sie an einer roten Ampel auf Grün warten. „Ich hab` noch keine Ahnung“, überlegt Lars, der durch tausendfaches Drücken des Ampelknopfes versucht, dass es schneller grün wird.

Währenddessen bindet sich Max nun den linken Schuh und antwortet angestrengt von unten: „Also ich hätte Lust auf Tischtennis. Das spielt mein Opa im Sommer immer mit mir. Da muss man nicht durch die ganze Turnhalle rennen.“

Lars winkt ab: „Nee, darauf hab` ich nun wirklich keine Lust! Wenn dein Opa das schon spielt, ist es bestimmt nur was für alte Leute.“

Daraufhin leuchtet endlich das grüne Ampellicht und die drei Freunde überqueren die Straße.

„Ich bin jedenfalls immer noch der Meinung, dass Hockey bestimmt toll ist!“, versucht Lena Lars und Max zu überzeugen. „Das ist nicht nur was für Mädchen! Erst letztes Jahr habe ich das im Fernsehen gesehen. Da haben einige starke Männer um Medaillen gespielt. Ich glaub‘ das hieß *WM* oder *Olympia* oder so. Mein Papa fand das jedenfalls ganz toll!“

Stolz über ihr sportliches Wissen erwähnt Lena dabei lieber nicht, dass sie sich allerdings den letzten Mädchen-Kinofilm gleich dreimal angeschaut hat. Seitdem spukt der Hockey-Sport in ihrem Kopf herum. Doch Lars und Max scheinen den Gedanken in der Tat nicht schlecht zu finden. „Weißt du was?“, meint Lars zu seinem Freund, „Vielleicht ist das wirklich keine schlechte Idee. Soll doch Tom, dieser blöde Angeber, ruhig in Fußball gehen. Wir sind ihn damit los und probieren Hockey einfach mal aus.“ Zu Lena sagt er schließlich: „Aber wenn das am Ende doch so ein Mädchen-Ding ist, dann bestimmen wir Jungs die nächste AG und *du* musst mitmachen!“ Lena ist begeistert. „Klasse!

Abgemacht!“, strahlt sie. Vor ihrem Haus angekommen, hüpft sie glücklich die Eingangsstufen zur Haustür hoch. Max und Lars laufen als Nachbarjungen nur noch ein Haus weiter und mit einem lauten „Tschüühüüss!“ verabschieden sich die drei voneinander.

Als Lena den Schlüssel in das Türschloss steckt, öffnet sich schon die Eingangstür. Frederik, Lenas kleiner Bruder, empfängt sie gut gelaunt: „Hallo Lena! Komm schnell rein!“ Aufgeregt hüpft er vor ihr von einem Bein auf das andere und greift nach ihrer Hand. „Stell dir vor, wir Erstklässler haben heute bunte Zettel bekommen und durften etwas ankreuzen! Du auch?“ Lena geht ins Haus und nickt. „Ja, wir Großen haben auch Anmeldungen bekommen.“ Ein mulmiges Gefühl steigt in ihr auf. „Und? Hast du etwas angekreuzt?“, fragt sie vorsichtig ihren kleinen Bruder. „Ja!“, freut sich Frederik mit einem breiten Lächeln. Dabei rutscht seine Oberlippe über die riesige Zahnlücke. „Ich spiele jetzt Hockey!“ „Auch das noch!“, denkt Lena und legt ihren Schulranzen in ihr Zimmer. Hockey spielen mit dem kleinen, nervigen Bruder aus der ersten Klasse! Wenn das mal nicht peinlich wird!

Die Überraschung

In den nächsten Tagen herrscht in der Schule ein großes Durcheinander. Aufgeregt diskutieren alle Kinder, wer mit wem in eine AG möchte, ob man überhaupt einen Platz in seinem Lieblingskurs bekommt und welche AG wohl die coolste ist.

Am Freitag, als schließlich alle Anmeldungen abgegeben sind, gehen die Schüler ins Wochenende und warten gespannt auf die Rückmeldung der AG-Leiter. Doch zum Glück lässt diese nicht lange auf sich warten.

Nur wenige Tage später, als Frau Otto ihre Klasse gerade eine Mathearbeit schreiben lässt, klopft jemand an. Die Lehrerin steht auf und öffnet die Tür. Max ist erleichtert. Endlich schaut sie nicht mehr in seine Richtung! „Psst, Lars … Was kommt bei Aufgabe zwei raus?“, flüstert er seinem Freund zu. Der hat vom Rechnen schon einen ganz roten Kopf: „Keine Ahnung! Du hast doch das Gruppe-A-Blatt. Ich bin B. Moment, ich schau mal bei Emily. Die hat auch A …“

Als Frau Otto die Tür wieder schließt, schaut sie misstrauisch in die hinterste Ecke zu Lars und Max. Doch beide arbeiten scheinbar ruhig und brav an ihren Klassenarbeiten. Max strahlt glücklich mit Emilys Ergebnis auf seinem Blatt.

„So!", erklärt Frau Otto wenig später, „Jetzt geben mir bitte alle ihre Arbeitsblätter ab. Vergesst nicht, euren Namen zu notieren. Sobald ich alle eingesammelt habe, bekommt jeder von euch seine Rückmeldung zu den AGs. Die habe ich gerade erhalten."

Lena ist die erste, die ihren Zettel bekommt. Zufrieden liest sie den ersten Satz: „Liebe Lena, du darfst an der Hockey AG teilnehmen." Sofort dreht sie sich nach hinten zu Lars und Max um. Auch sie halten die Rückmeldungen in ihren Händen.

„Und? Seid ihr auch reingekommen?", hören sie Lena nach hinten rufen. „Ja!", antworten beide zurück und schauen sich an. Ob sie die richtige Wahl getroffen haben? Hoffentlich werden auch noch andere Jungs dabei sein!
Gedankenversunken räumen Lars und Max ihre Mathesachen vom Tisch, als Frau Otto nochmal

zu ihnen spricht: „Ach! Das hätte ich beinahe vergessen. Für alle Kinder der Hockey-Gruppe gibt es noch einen Extrabrief, den ihr euch beim Hinausgehen bei mir abholen könnt."

Lena, Lars und Max nehmen überrascht ihren Umschlag und gehen nach draußen in die Pause. „Hast du eine Ahnung, was darin stehen könnte?", fragt Lars und beißt kräftig in sein Käsebrot. Max kaut an seinem Gurkenstück und hat den Brief schon geöffnet. „Das ist ja klasse! Hier seht mal! Das sind unsere Trainer!" Begeistert zeigt er Lena und Lars das Foto auf dem Brief. Beide schauen sich den jungen Mann und die junge Frau an, die ihnen vom Papier entgegenlächeln. *Eure Trainer Tobi und Elli* steht in geschwungener Handschrift darunter. „Oh! Ist die aber hübsch!", freut sich Lena, „Die sieht ja aus wie ein Engel!"

Lars und Max haben etwas ganz anderes entdeckt. Fasziniert starren sie auf das Trikot-Abzeichen der Trainer, einem Adler mit dem Schriftzug ***Deutschland***. „Mensch Lars! Das sind ja Nationalspieler!" Max ist beeindruckt. „Wahnsinn!", erklärt Lars und schiebt sich das letzte Käsebrot-Stück in den Mund.

1. HOCKEY CLUB

Liebe Kinder der Hockey AG,

Wir freuen uns, dass ihr euch für Hockey interessiert und diesen wunderbaren Sport erlernen wollt...

Eure Trainer
Tobi und Elli

„Und was steht jetzt im Brief geschrieben?“, will Lena wissen. „Hier, lies selbst! Du hast doch den Lesewettbewerb gewonnen!“ Max hält ihr das Blatt entgegen und Lena räuspert sich. Dann fängt sie an …

„Liebe Kinder der Hockey AG,
Wir freuen uns, dass ihr euch für Hockey interessiert und diesen wunderbaren Sport erlernen wollt. Hoffentlich bringt ihr viel gute Laune mit ins Training. Mehr werdet ihr erst einmal nicht brauchen. Unsere erste Trainingsstunde wird bereits am Donnerstag um 13:30 Uhr auf dem neuen Kunstrasenplatz unseres Vereins sein. Damit ihr nicht alleine dorthin laufen müsst, treffen wir uns um 13:00 Uhr am Eingangstor eurer Schule. Bitte erscheint in Sportkleidung und vergesst nicht, euch etwas zum Trinken mitzunehmen.

Liebe Grüße,
eure Trainer Tobi und Elli
aus dem Team Deutschland"

Sorgfältig faltet Lena den Brief wieder zusammen und stellt sich stolz vor beide Jungen: „Seht ihr! Das war doch eine tolle Idee von mir, oder? Ihr werdet schon sehen! Die anderen werden uns noch beneiden! Echte Nationalspieler!", schwärmt Lena.
Doch das laute Geschnattere ihres kleinen Bruders reißt sie wieder aus den Träumereien.

„Lena! Guck mal! Das ist Tobi! Und der hat 'nen echten Deutschland-Adler auf dem T-Shirt!"

Frederik rennt Lena fast vor Begeisterung um und wedelt mit seinem Hockey-Brief.

Ihre Freude dagegen ist eher begrenzt. Max und Lars schauen sich überrascht an. „Na klasse, hoffentlich sind wir nicht die einzigen Großen!“

Doch darum müssen sie sich keine Sorgen machen. Denn während Lena noch mit Frederik beschäftigt ist, sehen sie plötzlich, wie Tom denselben Brief in den Händen hält.

Das kann doch wohl nicht wahr sein!

Das erste Treffen

Bis zum ersten Hockey-Training sind es nur wenige Tage und selbst die vergehen zum Glück sehr schnell. Lena öffnet in ihrem Zimmer die große Schranktür und sucht gerade ihre Sportsachen heraus. Was man zum Hockeyspielen wohl braucht? Da es heute wieder angenehm warm ist, entscheidet sie sich für eine kurze Hose und ihr rosa Lieblings-Shirt. Eilig stopft sie alles in ihre Sporttasche und ruft nach ihrem Bruder:

„Frederik! Hast du deine Tasche gepackt? Wir müssen los!“ Als sie vor seiner Tür steht, kommt er schon heraus: Einen Eishockeyschläger in der rechten und die Sporttasche in der linken Hand. „Was soll das?“, fragt Lena ihn genervt. „Der Schläger ist doch nur fürs Eis! Lass ihn hier, den brauchst du nicht!“

Doch Frederik bleibt stur: „Iff fill aber, daff der Fläger mitkommt!“ Erst jetzt erkennt Lena das durchsichtige Gummistück in seinem Mund.

„Ich hab` kein Wort verstanden!“, fährt sie ihren Bruder an, der sich das Teil mit langen

Spuckefäden aus dem Mund nimmt. „Ich will aber, dass der Schläger mitkommt!", wiederholt er nun wesentlich deutlicher. Ihre Mutter, die das Ganze gehört hat, meldet sich zu Wort: „Lena, lass ihn das alles ruhig mitnehmen. Sollen ihm die Trainer sagen, dass das falsch ist!"

Doch als Lena an den langen Weg zur Schule denkt, den sie mit ihrem Bruder und seiner Ausrüstung zurücklegen muss, wird sie wütend: „Dann soll er gefälligst alleine gehen! Das ist echt oberpeinlich!"

In diesem Augenblick klingelt es an der Haustür. Lars und Max stehen vor dem Haus, um die beiden Geschwister zum Training abzuholen. So laufen sie gemeinsam, Frederik mit großem Abstand hinter ihnen, zum vereinbarten Treffpunkt: 13:00 Uhr am Schultor.

Schon von weitem erkennen sie die beiden Trainer, die wie auf dem Foto ihre weißen Trikots tragen. „Also, wenn Elli jetzt noch Flügel hätte, ...", ruft Lena begeistert, „wäre sie wirklich ein Engel! Schaut doch, wie alles in der Sonne leuchtet!" Max und Lars sehen ihre Freundin von der Seite an. Ist sie jetzt völlig übergeschnappt? Sie können an Elli, der Trainerin, nichts Weltbewegendes feststellen. Und als sie dann auch noch Tom erkennen, der Tobi in voller Fußballausrüstung von seinem Fußballtalent erzählt, sinkt ihre Begeisterung schlagartig. Tom! An den hatten sie gar nicht mehr gedacht ...

„Hallo Tobi, hallo Elli!“, ruft Frederik plötzlich laut hinter ihnen, „Geht`s jetzt los?“ Überschwänglich wedelt er mit seinem Eishockeyschläger, damit er besser gesehen wird. Lena würde am liebsten im Erdboden versinken.

„Jetzt sei doch still!“, zischt sie ihn an, doch er fährt fort: „Das ist meine Schwester Lena und ihr Freund Max. Ach, und das ist Lars, auch ihr Freund! Die beiden haben im Kindergarten immer ganz viel Quatsch gemacht, sagt Mama!“

Tobi und Elli freuen sich über den kleinen, eifrigen Jungen, der sich anscheinend sehr auf diese AG freut. Lena allerdings versucht sich mit hochrotem Kopf hinter Max und Lars zu verstecken, die ebenfalls nicht sehr begeistert sind.

„Hallo ihr vier!“, werden die Freunde jetzt von Tobi begrüßt, „Wie ich sehe, sind jetzt alle da!“ Er schaut auf seine Teilnehmerliste und geht die Namen durch. „Tom, Lena, Lars, Max, Frederik, Anna, Clara und Henk.“

schule

Lena, Lars und Max sehen sich um. Anna und Clara gehen in die gleiche Klasse wie Tom. Jeder weiß, dass Anna in Tom verliebt ist.

Bestimmt ist sie nur wegen ihm hier! Lena schüttelt den Kopf. Und die dicke Clara, die tut immer nur das, was Anna auch tut. Na, das kann ja lustig werden!

Etwas abseits steht der kleine Henk, der eigentlich auch schon zu den Großen gehört. Irgendwie wächst er aber nicht so schnell wie die anderen.

„Da!“, schubst Max seinen Freund Lars kurz an, „Henk macht auch mit! Ob er das nur wegen seinem Vater macht? Der kommt aus Holland und hat wohl selbst mal Hockey gespielt.“

Lars ist das egal. Er will jetzt endlich zum Hockeyplatz laufen und mit dem Training beginnen.

Und dann geht es auch schon los. Gespannt auf die vielen neuen Dinge, die sie gemeinsam erleben werden, laufen die Hockey-Kinder hinter ihren Trainern zum Vereinsplatz.

Endlich Training

Nur wenige Minuten später erreichen die Hockey-Kinder den Kunstrasenplatz des Vereins. Aufgeregt quasseln alle wild durcheinander, bis Elli und Tobi für Ruhe sorgen:

„So, da wären wir! Das wird in den nächsten Wochen euer Übungsplatz sein, auf dem ihr lernen werdet, wie man Hockey spielt. Danach werden wir die letzten Trainingsstunden des Halbjahres in der Halle verbringen. Im Winter gefriert so ein Mundschutz schon mal schnell an den Zähnen fest.“ Scherzend schaut Tobi dabei auf Frederik, der das immer noch feuchte Gummistück gerade wieder in seinen Mund geschoben hat.

„Mama hat ihm gesagt, dass das falsch ist. So, wie auch der Eishockeyschläger. Dabei braucht er das alles nur im Winter, wenn Papa mit ihm auf dem zugefrorenen See spielt!“, regt Lena sich auf. Doch Tobi und Elli erklären der Gruppe, dass so ein Mundschutz in der Tat hier gebraucht wird. Viel zu leicht könnte man sonst einen Schläger oder den harten Ball an die Zähne bekommen. Frederik strahlt über beide Ohren: „Feht ihr!“, versucht er zu sagen.

„Auch Schienbeinschoner, so etwa wie Tom sie heute bereits trägt, sind sehr wichtig!“, ergänzt Tobi. „Der Ball ist klein und sehr hart. Während des Spiels kann er schon mal an das Schienbein stoßen. Oder ihr werdet vom Schläger getroffen.“

Anna und Clara sehen sich an: Auf blaue Flecken am Schienbein haben sie nun wirklich keine Lust. Wie sieht das denn aus, mit ihren kurzen Röcken! So meint Clara: „Dann können wir heute leider nicht mitmachen! Anna und ich haben keine Schoner.“ Elli nickt: „Das macht nichts. Heute übt jeder erst einmal für sich, um das richtige Ballgefühl zu bekommen. Verteilt euch weit voneinander entfernt und versucht den Ball einfach vorsichtig vor euch her zu rollen.“

„Wie langweilig!“, motzt Tom, „Und was soll ich machen? Mein Ballgefühl ist schon super!“ Vielsagend schauen sich die Trainer an. „Tja Tom.“ beginnt Elli, „Auch du wirst hier das Ballgefühl neu entdecken. Ihr schießt den Ball ja nicht mit dem Fuß, sondern spielt ihn mit diesem Schläger.“ Währenddessen hat Tobi in seine große Sporttasche gegriffen und einen der unzähligen, bunten Schläger hervor gezogen. Erklärend hält er ihn vor sich: „Das ist also ein Hockeyschläger. Seht ihr, hier oben am Griff wird er gehalten. Das mittlere Stück nennt man Schaft und hier unten hat der Schläger eine Rundung. Die nennt man Keule.“ Mit dem Schläger in der Hand geht er von Kind zu Kind und erzählt weiter: „Mit dieser Keule wird der Ball geführt. Aber nur mit der flachen Seite!“

Lena, Max und Lars streichen mit den Händen über die Rundung. „Stimmt!“, meint Lars, „Diese Seite ist gewölbt, die andere nicht!“

„Genau!“, stimmt Elli ihm zu, „Und jetzt, wenn alle soweit sind, kann sich jeder einen Schläger aus der Tasche herausnehmen, ihn sich genau ansehen und dann wird Tobi euch zeigen, wie man ihn richtig hält.“

Kaum hat sie dies ausgesprochen, gibt es schon lautes Geschrei. Anna hat sich den einzigen gelben Schläger herausgenommen. Clara ist sauer - Genau den wollte sie doch haben! Auch zwischen Tom und Henk gibt es einen Streit: Tom, der sich erst den coolen Sternenschläger ausgesucht hat, wirft ihn wieder in die Tasche. „Nee, der Griff ist ja viel zu alt!“, stellt er dabei fest und will sich einfach Henks Schläger schnappen. Der lässt sich das aber nicht gefallen und schlägt ihm damit gegen das Schienbein. Zum Glück trägt Tom seine Schoner und es tut nicht weh, aber sauer ist er trotzdem.

Etwas ratlos versuchen Elli und Tobi wieder Ruhe in das Geschehen zu bringen und pfeifen einmal schrill mit ihrer Trillerpfeife. „So! Wir fangen jetzt mal an!", rufen sie.

Lena hockt noch vor den vielen Schlägern. Wie schön sie doch sind! „Sind die aus Holz?", fragt sie Elli. Diese nickt: „Teilweise schon. Es gibt welche aus Holz und welche aus Kunststoff." Dann entdeckt Lena ganz unten, tief in der Tasche einen pinkfarbenen Schläger. „Das ist jetzt meiner!", strahlt sie und stellt sich glücklich zu den anderen. Auch Max und Lars haben einen Schläger gefunden und so kann es endlich losgehen. Nachdem Tobi den richtigen Griff erklärt hat, verteilen sich alle Mädchen und Jungen auf dem Hockeyplatz.

„Also", spricht Lars zu sich selbst, „die linke Hand hält den Schläger am oberen Ende und die rechte Hand sitzt mit etwa ein, zwei, drei Handbreiten unter ihr." Tobis Worte wiederholend und zählend versucht Lars die Hände richtig an seinen Schläger zu bringen.

Nachdem die Trainer jedem Kind einen Ball gegeben haben, beginnen nun alle ihn vorsichtig mit der flachen Seite des Schlägers vorwärts zu bewegen. Das ist gar nicht so einfach.

Tom, der vom Fußball einen harten Schuss hat, schlägt den Ball viel zu fest und muss ihm immer wieder hinterher rennen und ihn einholen.

Lena läuft in kleinen Schritten konzentriert über das Spielfeld, den Ball immer am Schläger. „Sehr schön, Lena!“, lobt Elli sie, „Das klappt ja sehr gut!“

„Jetzt habt ihr, glaube ich, alle schon mal ein Gefühl dafür bekommen, wie schnell so ein Ball rollt und wie fest ihr ihn schieben oder schlagen müsst“, sagt Tobi wenige Minuten später und steht zwischen den Hockeykindern. Er wartet, bis Tom aus der Ferne wieder zurückkehrt. Wieder war sein Ball weit hinten gelandet. „Ihr habt alle sehr schön zum Ball gestanden; etwas tiefer und den Ball immer links vom Schläger an der flachen Seite. Wenn ihr jetzt gleich die Rückhand ausprobiert habt, können wir auch schon eine kleine Slalomübung machen.“

Dann erklärt er, wie bei der Rückhandstellung der Schläger einfach gedreht wird, damit wieder nur die flache Seite am Ball ist.

„Das sieht aber komisch aus!“, bemerkt Henk, dem das Ganze nun doch auch Spaß macht. Eigentlich wollte ja nur sein Papa, dass er in die Hockey AG geht. Aber wer weiß, vielleicht wird es ja doch noch nett. Und auch wenn die Keule bei der Rückhand komisch und falsch herum aussieht, klappt es bei ihm jetzt auch sehr gut und er lässt den Ball langsam von links nach rechts und von rechts nach links rollen.

So vergeht die erste Trainingsstunde wie im Flug und Lena, Max und Lars sind traurig, als nach dem Slalom um kleine, bunte Plastikhütchen schon Schluss ist.

„Sobald ihr alle Bälle und Schläger in die Tasche geräumt habt, bringen wir euch wieder zur Schule zurück“, erklärt Elli ihnen.

„Und nächstes Mal bringt ihr bitte alle einen Mundschutz und Schienbeinschoner mit, damit wir unser erstes, richtiges Hockeyspiel machen können!“, fügt Tobi vielversprechend hinzu.

Clara schluckt. Ein *Spiel machen* bedeutet auch, dass es zwei Mannschaften geben wird.

Und das bedeutet wiederum, dass die erst gewählt werden müssen. Wie sie diese Wahlen hasst! Bestimmt bleibt sie am Ende wieder als einzige übrig!

In ihren Gedanken versunken folgt sie den anderen mit einem mulmigen Gefühl zur Schule zurück.

Lena dagegen ist überglücklich: Sie darf den pinkfarbenen Schläger zum Üben mit nach Hause nehmen! Mit beiden Händen hält sie ihn ganz fest an sich gedrückt, damit er ihr bloß nicht auf den harten Boden fällt und zerkratzt ...

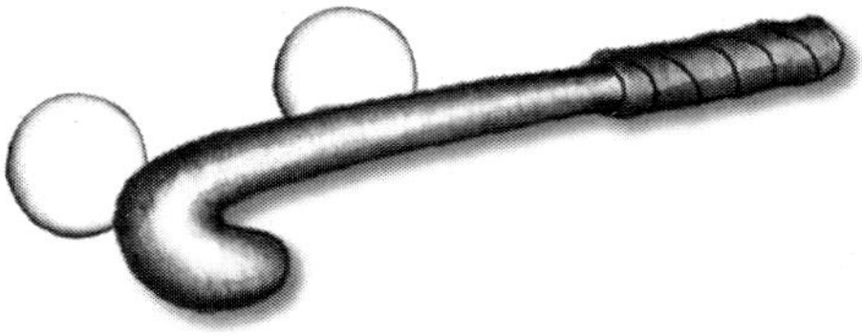

Vorbereitungen

Jeden Tag übt Lena heimlich in ihrem Zimmer. Gleich nach den Hausaufgaben und wann immer es geht schiebt sie ihren gelben Glitzer-Flummi mit dem Schläger von rechts nach links und von links nach rechts. Dabei ahnt sie nicht, dass Max und Lars, ja sogar ihr kleiner Bruder Frederik im Zimmer nebenan, das Gleiche tun. Mit Schirmen, Stöcken und Tennisbällen ausgerüstet, denken sie schon an das nächste Training. Und dann ist es endlich wieder soweit!

Am Donnerstag schließlich, pünktlich um 13:00 Uhr, treffen sich alle Hockeykinder erneut am großen Metalltor der Schule. Doch als Lena mit ihrem Bruder und den beiden Freunden dort ankommt, sitzt Clara traurig auf dem Boden und weint. Elli kniet ratlos vor ihr und versucht herauszufinden, was mit ihr los ist.

„Mein Bauch tut so schrecklich weh!“, schluchzt Clara, „Ich glaube, ich kann heute nicht mitmachen.“ Anna reicht ihr ein Taschentuch und ihre Freundin schnäuzt kräftig hinein.

Mitfühlend beugt sich auch Lena zu ihr hinunter und meint: „Aber Clara, bestimmt geht es dir schon viel besser, wenn du erst einmal auf dem Platz stehst. Ausgerechnet heute, wo wir ein richtiges Spiel machen wollen ... Wir sind doch ein Team! Da brauchen wir dich!“ Aber schon beginnt Clara von neuem zu weinen.

„Weißt du Clara, …“, meint nun Elli, „Das hat Lena sehr schön gesagt und sie hat wirklich recht. Versuch einfach mit uns zu kommen und dann schauen wir weiter.“ Danach wendet sie sich zu Lena: „Und du, kleine Hockey-Dame, du weißt anscheinend sehr genau, was es heißt, für sein Team da zu sein. Deshalb wirst du heute, gemeinsam mit Clara, die Mannschaften fürs Spiel wählen.“

Lena ist glücklich und freut sich über Ellis großes Lob. Auch Clara scheint der Gedanke, selbst wählen zu dürfen, immer besser zu gefallen. Wenn sie selbst wählen darf, wird sie diesmal nicht unbeliebt übrig bleiben.

So laufen letzten Endes alle gemeinsam zum Hockeyplatz, während einzig die Bauchschmerzen am Schultor zurück bleiben …

Auf dem Vereinsgelände legen die Hockeykinder sofort ihre mitgebrachten, neuen Schienbeinschoner an und ziehen ihre Stutzen darüber. Die Zahnprotektoren bleiben erst einmal in sämtlichen Hosentaschen versteckt.

Anna schaut an sich herab: Wie dick ihre Waden mit den Schonern aussehen! Und jetzt soll sie auch noch den riesigen Mundschutz zwischen die Zähne klemmen? Hoffentlich lacht Tom sie nicht aus! Doch den anderen geht es nicht anders.

Wenig später gibt ihnen Tobi die ersten Anweisungen: „Jetzt lauft ihr euch erst mal eine Runde um den ganzen Platz warm und anschließend machen wir noch ein paar Dehnübungen. Danach sind eure Muskeln gut vorbereitet und es kann losgehen!" Noch während er die letzten Worte ausspricht, rennen die ersten schon los.

Max und Lars vorneweg, alle anderen hinterher. „Ihr lauft wohl nicht allzu oft?", fragt Tobi lachend, als die Kinder kurz darauf tief ein- und ausatmend und mit hochroten Gesichtern zurückkehren. Doch zum Antworten sind sie zu erschöpft. Daraufhin beginnt er mit den Dehnungsübungen und erklärt, welche Muskeln dabei jeweils gestreckt werden. Tom findet das affig und mit einem lauten „Ich muss aufs Klo!" schleicht er sich davon. Er will hier nur seine Tore schießen. Bei so einem kleinen Ball braucht er doch nichts warm zu machen!

Als er nach seinem ausgedehnten Toilettengang zurückkehrt, stehen Clara und Lena schon längst auf dem Platz und wählen ihre Mannschaften für das Spiel.

Empört bemerkt er: „Also beim Fußball darf ich jedes Mal wählen! Meine Mannschaft gewinnt jedes Spiel!" Doch Elli klärt Tom auf: „Heute wählen die beiden Mädchen. Ansonsten haben wir ein ganz gutes Prinzip und zählen die Spieler einfach 1-2-1-2,… durch. So haben wir am Ende Mannschaft 1 und Mannschaft 2."

Schmollend setzt sich Tom zu den anderen. Als die Teams fertig gewählt sind, befinden sich Lena, Max, Lars und Frederik in der einen Mannschaft und Clara, Anna, Henk und Tom in der anderen.

Dieser ist sauer, weil er als allerletzter ins Team gewählt wurde. Frederik dagegen macht das nichts aus. Er bekommt von der Wahl erst gar nichts mit. Als er nämlich seinen Zahnprotektor in den Mund steckt und ihn mit einem kräftigen Biss an den Zähnen befestigt, fällt ihm sein Kaugummi wieder ein! „Fo ein Mift!" Schnell versucht er den Protektor herauszunehmen. Doch dank des super-saftig Kaugummis sitzt dieser bombenfest. Zum Glück hat es noch niemand bemerkt.

Hinter Max und Lars versteckt, greift er sich, mehr und mehr Finger zur Hilfe nehmend, in den weit aufgerissenen Mund und zerrt am glitschigen Gummistück. Sekunden später, gerade als Tobi und Elli das anstehende Spiel erklären wollen, rennt Frederik plötzlich heulend vom Platz.

Verwirrt schauen ihm die Trainer und die anderen Kinder hinterher. In seiner Hand erkennen sie den Mundschutz. Daran, an einem langen Kaugummifaden hängend, ein kleiner Milchzahn. „Und jetzt?", fragt Tom ungeduldig, „Können wir jetzt endlich anfangen?"

„Ich denke, Frederik wird gleich zurück kommen!", meint Elli, „Solange kann sich jeder schon mal einen Schläger aus der Tasche nehmen und sich ein wenig einspielen." Kaum hat sie dies ausgesprochen, gibt es schon dasselbe Theater wie beim ersten Mal. Tom schnappt sich sofort Henks Hockeyschläger der letzten Woche.

Dieser bemerkt aber das neue Griffband am coolen Sternen-Schläger und hält ihn selig fest.

Tom ist sauer. Genau diesen Hockeystock wollte er doch schon das letzte Mal haben! Sein Sternen-Schläger!

Clara und Anna streiten sich auch diesmal um den gelben Schläger, während Max und Lars bereits mit ihren Schlägern zu Elli und Tobi zurückgekehrt sind.

So beschließt Lena nach ihrem Bruder zu sehen und läuft in Richtung Vereinsgebäude, ihren wunderschönen, pinkfarbenen Hockeyschläger fest in den Händen.

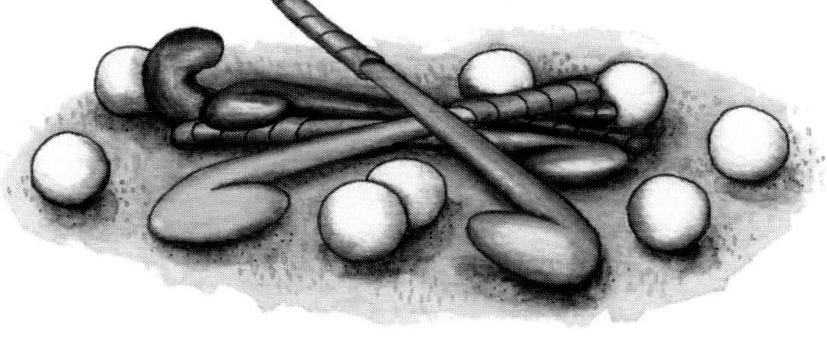

Das erste Spiel

Als die beiden Geschwister wenig später wieder auf dem Platz stehen, kann es endlich losgehen. Frederik tastet nochmal kurz nach dem klitzekleinen Zahn in seiner Hosentasche. Lena streift sich die klebrigen Hände an ihrem T-Shirt ab. Alleine hätte ihr Bruder den Kaugummi niemals vom Mundschutz abkratzen können. Das war vielleicht eklig!

Ein letztes Mal lässt Tobi prüfend seinen Blick über den Hockeyplatz wandern, bevor er lang und kräftig in seine Trillerpfeife pustet: Das Spiel beginnt!

Durch das Drunter und Drüber vor dem Match ist seine Einführung allerdings viel zu kurz ausgefallen. Die Taktiktafel, an der er eigentlich die Mannschaftsaufstellung zeigen und Spielzüge erklären wollte, hatte unter den Kindern keine Beachtung gefunden.

So überkommt den Trainer eine etwas beängstigende Vorahnung, als sich nach seinem schrillen Pfiff alle Kinder auf den Ball stürzen.

Wie ein wildgewordener Haufen versucht jeder mit seinem Schläger den Ball zu erwischen. Lars, Max und Tom eilen mit schnellen Schritten vorneweg, gefolgt von den Mädchen Lena, Clara und Anna und dicht hinter ihnen Frederik und Henk. Letzten Endes hat Max Glück: Er erreicht den Ball zuerst. Konzentriert holt er aus, ... setzt zum Schlag an ... und verhakt sich unglücklich mit Lenas pinkfarbenen Schläger.

Während die beiden verzweifelt an ihren Schlägern ziehen, erkennt Lars sofort seine Chance: Blitzschnell bewegt er sich zum Ball und schiebt ihn ruckzuck mit der flachen Schlägerseite in die andere Richtung. In seinem Kopf malt er sich schon in den schillerndsten Farben seinen ersten Hockeytreffer und das Jubeln seiner Mannschaft aus…

Dabei übersieht er leider Tom: Breitbeinig und den Weg versperrend stoppt er einfach den Ball und führt ihn zügig an den anderen vorbei. „Wir müssen von unserem Tor weg!“, spricht er zu sich selbst, denn der Ball ist in der Tat schon gefährlich nah am eigenen Tor.

Kaum hat er dies ausgesprochen und hilfesuchend den Kopf gehoben, flitzt der kleine

Frederik direkt auf ihn zu. Wie aus dem Nichts erscheint er, überrumpelt Tom und gewinnt den Ball. Nur eine Sekunde später lässt ihn der winzige Wirbelwind freudestrahlend ins gegnerische Tor rollen. Glücklich grinst er mit seiner gewachsenen Zahnlücke unter dem Mundschutz zu Tobi und Elli. Lena, Max und Lars jubeln begeistert.

Tom ist außer sich und schimpft laut mit seiner Mannschaft: „Passt doch mal auf! Ich muss stürmen und Tore schießen! Da kann ich nicht auch noch abwehren!“ Anna zuckt bei seinem Wutausbruch zusammen. Als sie daraufhin auch kurzerhand von ihm zur Torfrau ernannt wird, schäumt sie schließlich vor Wut über:

„Ich?!“, fragt sie ihn ungläubig, „Und wenn ich vom Ball getroffen werde?“ In Gedanken sieht sie schon unzählige blaue Flecken und Schrammen an ihren Beinen. „Nee, ... geh du doch selbst!“ Viel zu groß ist ihre Angst vor dem kleinen, harten Ball. Aber auch vor Toms erneutem Wutausbruch, falls sie den Ball aus Versehen ins Tor lassen sollte.

Tom ist überrascht. Nie zuvor hat je ein Mädchen mit ihm geschimpft. Die hat ja Mut! Er überlegt weiter und langsam wandert sein

Blick zu Clara. „Dann geh du! Bei deiner Figur passt kein Ball mehr durchs Tor!“ Noch während er mit dem Finger auf das pummelige Mädchen deutet, ist es nun Clara, die heulend vom Platz rennt. Da platzt Anna der Kragen. Das ist nun wirklich zu viel!

„Du Blödmann! Das war sooo fies! Meinetwegen kannst du alleine spielen!“, faucht sie Tom an und läuft Clara hinterher. Dabei fragt sie sich, wie sie so einen gemeinen Kerl bisher richtig toll finden konnte und schüttelt verärgert ihren Kopf.

Auf der anderen Seite des Spielfeldes haben Tobi und Elli mittlerweile das Spiel unterbrochen. Henk sitzt etwas abseits auf der Wiese und pflückt Gänseblümchen; Frederik jagt mit seinem Schläger einer dicken Mücke hinterher und Lena, Max und Lars starren ungläubig zu Tom.

Der versteht die Welt nicht mehr. Erst kassiert sein Team ein Tor, danach hat er eine super Torwart-Idee und am Ende wird er sogar von einem Mädchen beschimpft. Und jetzt? - Jetzt ist er ihr nicht einmal böse, sondern wundert sich, dass er ihr lautes Gezeter sogar sehr süß fand.

„Echt niedlich, diese Anna“, fährt es ihm durch den Kopf und er bemerkt, wie sein Gesicht inzwischen ganz warm und rot wird. Seine Erleuchtung kommt jedoch zu spät. Anna ist wütend auf ihn und hält zu ihrer Freundin.

Mit erhobenem Kopf stolziert sie einige Minuten später an Tom vorbei, ohne ihn auch nur anzusehen. Clara tippelt verlegen hinter ihr her.

Da die Hockeystunde fast schon zu Ende ist, erklärt Tobi vor dem nächsten Anpfiff: „Die letzten Minuten dürft ihr alle zusammen gegen Elli und mich spielen. Freut euch dennoch nicht zu früh und denkt daran, dass ihr ein Team seid!“

Dann ertönt seine Trillerpfeife und wieder stürzen sich alle acht Kinder gleichzeitig auf den Ball. Niemand achtet auf Elli, die sich seelenruhig, weit außerhalb vor das Tor der Kinder aufgestellt hat. Kurz darauf führt Tobi den Ball flink aus dem Gewusel und schlägt ihn fest zu Elli.

Mit einem lauten „Los, hinterher!“, versuchen Tom, Lars und Max den Ball einzuholen.

Da hat Elli ihn gestoppt, ihr Schläger liegt dabei in voller Breite auf dem Boden. Geschickt rollt sie ihn etwas vor sich her und spielt ihn als nächstes elegant ins Tor. Lena ist begeistert. So will sie auch mal spielen können!

„Seht ihr!“, erklärt Elli später auf dem Rückweg, „Mit ein klein wenig Taktik und Teamgeist muss keiner von euch ständig dem Ball hinterher rennen. Beobachtet eure Mitspieler, gebt den Ball ab oder macht auf euch aufmerksam, wenn ihr bessere Bedingungen habt. Schaut beim nächsten Mal also genau auf die Taktiktafel und hört uns gut zu.“

Schweigend und peinlich berührt laufen anschließend alle zur Schule zurück.

Nur Frederik hat schon einen genialen Einfall ...

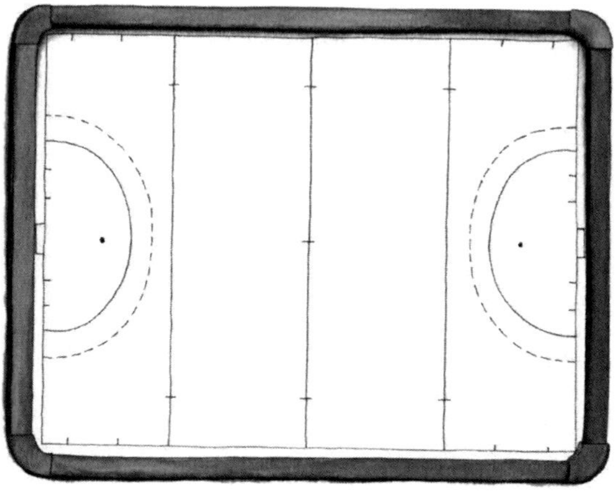

Geheimnisse

Auf dem gemeinsamen Heimweg mit Max, Lars und seiner großen Schwester Lena denkt Frederik angestrengt nach. Wenn diese Taktiktafel wirklich so wichtig ist und man mit ihr viele Tore machen kann, muss er unbedingt eine haben! Zu Hause angekommen, verschwindet er sofort in seinem Zimmer. Von außen kann Lena hinter seiner Tür wildes Schubladenziehen und Papiergeraschel hören. Was er nur vorhat? Grübelnd zuckt sie mit den Schultern und geht in ihr Zimmer.

Eine ganze Weile bleibt es geheimnisvoll ruhig, bis Frederik plötzlich neben ihr steht. „Kann ich deine kleine, rosa Haarbürste haben?“, fragt er sie zögernd. Seine Schwester löst ihren Blick von ihren Geometrie-Hausaufgaben. „Was willst du mit meiner Bürste?“, fragt sie ihn, den Zirkel immer noch in der Hand. Frederik druckst erst ein wenig herum. Schließlich murmelt er leise: „Ich kann meine nicht finden und brauche sie morgen nach Sport.“

„Ich glaub` dir kein Wort!“, meint Lena, „Nie im Leben wirst du meine rosa Glitzerbürste in der Jungen-Umkleide benutzen! Das ist viel zu peinlich!“ Lena hält ihm die funkelnde Bürste unter die Nase: „Sag mir, was du mit ihr vorhast, dann leihe ich sie dir, ... vielleicht. Also?“ Blitzschnell versteckt sie die Haarbürste wieder hinter ihrem Rücken und wartet auf eine Antwort.

„Also gut!“, meint Frederik und gibt seufzend nach, „Es ist noch ein Geheimnis. Morgen in der ersten Pause werde ich es verraten. Max und Lars müssen auch dabei sein!“

Lena ist zwar immer noch misstrauisch, gibt ihm aber die Bürste. Zufrieden huscht Frederik wieder hinaus. Als seine Schwester ihn danach in der Küche rumpeln hört, ist sie schon sehr gespannt, was er so Wichtiges in seinem Versteck vorbereitet.

Den restlichen Tag bleibt ihr Bruder in seinem Zimmer und so wundert es abends auch ihre Eltern nicht, dass er sich sein Abendbrot ausnahmsweise mit in sein Zimmer nimmt.

Gleich in der ersten Pause wird er am folgenden Tag von Max, Lars und Lena im Schulhof erwartet. „Und? Jetzt verrate uns schon, woran du gestern so lange getüftelt hast!", fordern die drei ihn neugierig auf. Mit einer dicken Pappröhre unter dem Arm zerrt er sie hinter einen Busch.

„Pssst!", zischt er und schaut sich um. Mit großen Augen öffnet er den Deckel, zieht ein langes Papier heraus und rollt es auf.

„Das ist dein Geheimnis!? Eine gekritzelte Taktiktafel mit unseren Namen? Ist das alles?!" Max und Lars sind enttäuscht.

Lena überlegt noch: „Und wozu meine Bürste? Und was hast du gestern in der Küche gekramt?"

Stolz leert Frederik vorsichtig die Pappröhre und setzt Gegenstand für Gegenstand auf seine markierten Namensfelder auf der Tafel:

Ein kleines Sandförmchen für Max, weil er damals so gerne mit Sand warf; die rosa Glitzerbürste für seine kratzbürstige Schwester; das hölzerne "F" seines Türschildes, dass er zu einem "L" für Lars zersägt hat; einen Kaugummi für sich selbst; einen schlaffen Luftballon für den aufgeblasenen Tom; Mamas kleines Glasherz für die verliebte Anna; eine dicke Knetkugel für Clara und Mamas Käsespieß-Hollandfähnchen für Henk.

TOM
ICH
SUPER KAU
MAX
LARS
LENA
ANNA
HENK
CLARA

„Wir müssen uns gut vorbereiten“, flüstert Frederik den anderen verschwörerisch zu, „Dann können wir mehr Tore machen als Tom und die anderen.“

Lena, Max und Lars nicken erst zustimmend. Doch als sie Tom plötzlich direkt hinter Frederik stehen sehen, schlucken sie.

„Was erzählst du da für Geschichten?“, fragt er aufgebracht. Sein Blick wandert von einem Kind zum anderen, bis Tom die skizzenhafte Tafel und den Luftballon auf seinem Namensfeld entdeckt.

„Ihr wollt wohl heimlich Spielzüge üben, was?“ Etwas wichtigtuerisch kniet er sich zu den vier Freunden. Zum Glück bemerkt keiner, dass er sich dabei kurz vor Schmerz den Po hält. Dieser Muskelkater! Aber das braucht ja keiner zu wissen und ist eben sein kleines, schmerzhaftes Geheimnis vom letzten Training. Ob das daran liegt, dass er sich nicht gedehnt hatte?

„Wisst ihr,“, fährt er nun fort, „eigentlich müssten wir uns alle gemeinsam etwas überlegen, um Elli und Tobi das nächste Mal auszutricksen. Die werden Gesichter machen!“ Etwas unsicher schauen ihn Max und Lars von der Seite an.

Sie trauen ihren Ohren nicht! Tom will mit ihnen gemeinsame Sache machen?! Das wäre ja keine schlechte Idee, wenn er bloß nicht immer so angeben würde!

Auch Lena schaut auf das Papier-Spielfeld und nickt. Anscheinend ist Tom gar nicht so schrecklich, wie sie alle bisher dachten. Seine Ideen sind eigentlich sogar richtig gut. Vielleicht hat er einfach immer nur den großen Sieg vor Augen und reagiert dabei schnell etwas übereifrig. So wie gestern, als er Clara mit seiner Bemerkung verletzt hat oder wütend war, als das Tor gegen sie fiel.

Lena ist verwirrt und beobachtet Tom, wie er den anderen seine Aufstellungs-Idee für die komplette Mannschaft erklärt.

Dabei bemerkt sie, wie er ziemlich rot wird, als er das schöne Glasherz über das Spielfeld schiebt. Wahrscheinlich ärgert er sich gerade wieder über Anna, weil sie so laut mit ihm geschimpft hat …

Schließlich verbringen Tom, Lena, Max, Lars und Frederik die gesamte Pause hinter dem Busch und überlegen, wer am besten auf welcher Position spielen sollte. Als der Unterricht wieder beginnt, sitzen alle in ihren Klassenzimmern und freuen sich auf das nächste Training. Tobi und Elli werden sich wundern!

So ist Frederiks Geheimnis also gelüftet, Max, Lars und Lena sind zufrieden und Tom ist glücklich, endlich einen Weg gefunden zu haben, echte Freunde für sich zu gewinnen.

Dass er sich bisher ziemlich einsam fühlte und wie sehr er Anna in Wirklichkeit mag, sowie sein schrecklicher Muskelkater am Po bleiben aber sein Geheimnis.

Entscheidungen

Mittags, mit dem Läuten der Schulglocke, strömen alle Kinder aus ihren Klassen. Lena, Max und Lars stehen auf dem Schulhof und warten auf Frederik, um mit ihm nach Hause zu laufen.

Da entdecken sie Tom, der sich durch die Menge zu ihnen schiebt. „Endlich Schule aus!“, ruft er ihnen zu, während er nach weiteren Worten zu suchen scheint: „Ähm, … Lena, kannst du Clara und Anna von unserem geheimen Hockey-Plan erzählen und ihnen sagen, dass wir uns morgen wieder am Busch treffen? Ich muss jetzt schnell zu Henk. Der weiß es ja auch noch nicht.“ Sichtlich verlegen und mit roten Ohren ruft er den drei Freunden noch schnell „Tschüss!“ zu und rennt davon.

Max schaut ihm hinterher und wundert sich: „Was ist denn mit dem los? Der hat's ja eilig!“ Lars nickt zustimmend: „Und wie rot seine Ohren auf einmal waren. Ob er krank wird?“

Fragend sehen sie zu Lena. „Ja, irgendwie ist das schon komisch. Außerdem war er gerade erst mit Clara und Anna in einer Klasse!“ „Stimmt! Warum hat er nicht einfach selbst mit ihnen gesprochen?“ Max kann sich keinen Reim daraus machen.

„Bestimmt ist er Anna total sauer, weil sie so laut mit ihm geschimpft hat“, überlegt Lena, „und jetzt will er nie wieder mit ihr reden. Deshalb bekommt er heiße Ohren.“

Zufrieden mit dieser klugen Antwort und gemeinsam mit Frederik verlassen sie die Schule. In den nächsten Tagen treffen sich die Hockey-Kinder in jeder Schulpause in ihrem Geheimversteck.

Tom, der vom Fußball anscheinend sehr viel Ahnung hat, fühlt sich gleich als Wortführer und überträgt seine Ideen einfach auf das Hockeyspiel: „Wir müssen uns gut verteidigen, wenn wir wieder gegen Elli und Tobi spielen.“, erklärt er, „Und dazu gehört eine starke Viererkette wie im Fußball!“

„Meinst du wirklich?“, traut sich Henk einzuwenden. Dabei bekommt er vor Aufregung eine ganz zittrige Stimme. „Das ist doch bestimmt nur beim Fußball so. Wir spielen aber Hockey!" Max und Lars schauen erst ihn, dann Tom an.

Der ist etwas überrascht über die Kritik und weiß nicht gleich, was er sagen soll. Da nimmt auch Frederik seinen ganzen Mut zusammen: „Ich glaube, Henk hat recht. So eine große Abwehr, die gibt`s doch nur bei den Großen und den Profis im Fußball! Wir sind jedenfalls nur zu Acht… und viel kleiner. Wie wollen wir denn gegen Elli und Tobi gewinnen und Tore machen, wenn wir alle so weit hinten stehen!?"

Jetzt ist es Anna, die sich einschaltet: „Wisst ihr, wir können auch nicht jedes Mal nur gegen unsere Trainer spielen. Das wird doch irgendwann langweilig!" Verlegen schaut sie in die Runde und streift flüchtig Toms Blick. „Ich denke, wir sollten uns auch in zwei kleinere Mannschaften aufteilen, um gegeneinander zu spielen." Clara ist ganz begeistert über den tollen Einfall ihrer Freundin und klopft ihr anerkennend auf die Schulter.

Erst jetzt merkt Tom, dass sich die Einwände nicht gegen ihn selbst richten und er beruhigt sich. Schnell nutzt er den Augenblick, um mit Anna endlich ins Gespräch zu kommen: „Ok, ihr habt wahrscheinlich alle nicht ganz Unrecht. Ich schlage vor, wir überlegen uns heute erst einmal eine gute Taktik für das Spiel gegen Tobi und Elli und nächste Woche müssen wir uns eben etwas Neues einfallen lassen.“

Lena ist beeindruckt. Immer mehr verstärkt sich ihr Gefühl, dass sie Tom falsch eingeschätzt hatten. Alle lauschen gebannt seinen Worten und verfolgen seine Spielzug-Ideen auf Frederiks Taktiktafel.

Dass der dabei aus Versehen ein Fußballfeld aufgezeichnet hatte, fällt erst mal keinem auf. Vor allem Anna nicht, die zwar mit ihnen im Busch sitzt, Tom jedoch immer noch ziemlich nachträgt, ihre Freundin beleidigt zu haben. Mit verschränkten Armen sitzt sie ganz hinten und schaut schon wieder weg. Clara dagegen ist ganz zufrieden mit Toms offensichtlicher Wandlung…

Einen Tag vor dem nächsten Training mit Tobi und Elli sind dann schließlich alle mit ihren Positionen auf dem Spielfeld einigermaßen zufrieden: Tom weit vorne im Sturm; hinter ihm im Mittelfeld Max, Lars, Lena sowie Henk und hinten in der Abwehr Clara, Anna und Frederik. Dieser ist traurig.

Auch noch am nächsten Tag, während er gemeinsam mit Tobi, Elli und den anderen zum Hockeyverein läuft, muss er daran denken, wie viel lieber er im Sturm spielen würde. Weil er aber so klein ist und nicht ausgelacht werden möchte, sagt er lieber nichts.

Nachdem sich die Kinder warm gelaufen und gedehnt haben, werden sie von den Trainern in der Spielfeldmitte erwartet. Tobi hält seine Taktiktafel in der Hand und erklärt: „So, heute geben wir euch erst mal ein paar Anweisungen, bevor wir mit dem Spiel beginnen."

Elli nickt und gibt allen mit der Hand ein Zeichen, dass sie jetzt gut aufpassen müssen.

„Seht ihr,", fährt er fort, „das ist unser Hockey-Feld: zwei Seitenlinien, zwei Torlinien mit den Toren, zwei Schusskreise, die beiden Viertellinien und die Mittellinie."

Erst jetzt bemerken alle, dass Frederiks Spielfeld völlig andere Linien hatte. Dennoch, weil er sowieso schon so traurig aussieht, sagt keiner etwas und alle schauen zu Elli.

„Ja, das ist ein ganzes Spielfeld. Für den Anfang ist das jedoch zu groß. Deshalb werden wir uns nur auf der einen Hälfte bewegen und verteilen.“ „Wie beim Fußball!“, meint Tom und Tobi nickt: „Genau, da wird bei den jüngeren Spielern auf dem Kleinfeld gespielt. So machen wir das auch.“ Bevor das Spiel losgehen kann, erklären die beiden Trainer noch schnell, wie man den Ball richtig annimmt und stoppt. Dabei gibt es verschiedene Möglichkeiten. So kann man den Schläger dafür flach auf den Boden legen und nach vorne neigen, wie zu einen kleinen Dach oder den Ball sofort aufrecht mit der Keule stoppen. Auch hier sollte man den Schläger nach vorne neigen, um wieder in das *Dach* zu kommen, dass er nicht wegspringt.

Nachdem sich alle einige Bälle zugespielt und das Stoppen geübt haben, fragt Lena gespannt: „Machen wir jetzt endlich ein Spiel? Am besten wieder wir alle gegen euch beide!“ Alle anderen nicken schon aufgeregt.

Elli schaut sie lächelnd an und antwortet: „Na klar, allerdings müssen wir zuerst noch eine wichtige Entscheidung treffen.“ Tom ist überrascht. Haben sie in ihrem Geheimversteck etwas übersehen? Mit einer großen Tasche in der Hand kommt Tobi dazu. Dann legt er sie ab und sagt: „Genau! Habt ihr eine Ahnung, was das sein könnte?“ Max und Lars schauen fragend zu Lena, die nur ahnungslos die Schultern hebt.

„Wir brauchen einen Tormann!“, löst Tobi das Rätsel. „Oder eine Torfrau!“, ergänzt Elli. „Na toll!“, denkt Lena, „Jetzt haben wir uns jeden Tag getroffen und vergessen den Tormann!“ Auch Tom scheint sich zu ärgern. Weil sich anscheinend jeder nur auf seine Spielfeld-Taktik konzentriert hatte, gab es niemand, der an das Tor dachte.

„Und? Wer mag ins Tor gehen?“, unterbricht Tobi jetzt das Schweigen und schaut von Kind zu Kind. Da muss sich Max ganz plötzlich die Schuhe binden, Lars bekommt einen Hustenanfall, Tom schüttelt abwehrend den Kopf, Frederik reinigt seinen Mundschutz, Lena richtet ihre Stutzen, Clara und Anna tuscheln sich etwas ins Ohr und so fällt Tobis Wahl auf Henk.

Widerwillig und mit hängenden Schultern folgt er Tobis Aufforderung, sich zu ihm zu stellen. Alle anderen schauen ihm erleichtert nach. „Super, Henk! Du bist also der neue Torwart! Und damit du gut geschützt bist und auch wirklich keinen Ball durchlässt, bekommst du jetzt erst einmal deine Ausrüstung.“

Kaum hat Tobi dies ausgesprochen, holt er einen gefährlich aussehenden, vergitterten Helm, riesige Beinschoner, Handschuhe und vieles mehr aus der großen Sporttasche.

Max und Lars ärgern sich. Wenn sie das gewusst hätten! So eine coole Ausrüstung! „Die sieht viel zu groß aus für Henk!“, entfährt es Lars. Aber Elli durchschaut ihn. „Das passt schon, keine Sorge!“

Sorgfältig hilft sie Henk in alle Teile. Als er schließlich alles angezogen hat, kann er sich kaum noch bewegen und stellt sich glücklich ins Tor.

Kurz bevor das Spiel losgehen kann, will Tobi noch schnell die weiteren Positionen vergeben, doch da stehen alle bereits perfekt verteilt auf dem Spielfeld. Überrascht nimmt er seine Trillerpfeife und pfeift das Spiel an.

Obwohl die Trainer wie beim letzten Mal versuchen an den Ball zu kommen, um ihn lang wegzuspielen, schaffen sie es diesmal nicht, ihn zu erreichen. Als ob sich die Kinder alle gegen sie verbündet hätten!

Mit größter Mühe können sie gerade noch ein null zu null halten. Als die Trainingsstunde vorbei ist und Henk sich aus der Ausrüstung befreit hat, kommen alle nochmal zusammen. „Ihr habt wohl heimlich geübt!?“, stellt Elli fest und grinst. Auch Tobi ist zufrieden: „So soll es sein! Ihr habt wirklich klasse gespielt, euch den Ball zugepasst und super verteidigt!“

Glücklich und stolz zwinkern sich alle Kinder zu und nicken anerkennend zu Tom. Sogar Anna schenkt ihm ein zögerndes Lächeln.

Nachdem die Hockey-Truppe die Schule wieder erreicht hat, halten Tobi und Elli noch eine Überraschung für sie bereit. Bevor sie sich verabschieden, erklären sie, dass in drei Wochen ein großes Turnier gegen eine andere Schule stattfinden wird. Sozusagen, zum Abschied von der Feldsaison, bevor es in den Wintermonaten in der Halle weitergeht.

„Wenn ihr dann so wie heute spielt, könnt ihr das locker schaffen. Also übt fleißig weiter!“

„Das werden wir!“, antworten Lena, Max und Lars im Chor und schauen Frederik und die anderen vielsagend an. Aufgeregt plappernd gehen daraufhin alle nach Hause.

Als Frau Blume jedoch fünf Tage später einen neuen Zettel in den Schaukasten hängt, sind alle bestürzt: Tobi und Elli müssen in den nächsten zwei Wochen einen Lehrgang besuchen und die AG fällt aus.

„Und was ist mit dem Turnier?“, fragt Lena mit erstickter Stimme. Lars ist fassungslos: „Keine Ahnung!“ Auch Max weiß nicht weiter: „Wenn wir nicht trainieren, können wir das Turnier jedenfalls vergessen!“

Enttäuscht und ratlos laufen sie zu den anderen, um sich im Gebüsch zu beratschlagen. Ob ihnen etwas einfallen wird?

Kaum haben sie ihr Geheimversteck erreicht, da hat Lena hingegen schon eine tolle Idee ...

Eine gute Lösung

Schon von weitem hören sie Toms entrüstete Stimme: „So ein Schlammassel! Die können uns nicht einfach so im Stich lassen!"

„Ja, und das so kurz vor dem Turnier!", unterstützt ihn Henk. Lena, Max und Lars kriechen zu ihnen in den Busch und setzen sich dazu. Alle Augen richten sich erwartungsvoll auf die drei Freunde. Leider muss Lars zugeben, dass auch er keine Lösung weiß. Max starrt verzweifelt ins Leere. Nach einem langen Schweigen fasst Lena jedoch ihre Gedanken zusammen: „Wer sagt denn eigentlich, dass wir nicht trotzdem trainieren können!? Elli und Tobi sind weg, das stimmt. Aber vielleicht könnte jemand anderes für sie einspringen und uns auf das Turnier vorbereiten!", ihre Stimme wird dabei immer aufgeregter.

„Und wer soll das sein?", fragt Clara vorsichtig. „Na, ein Profi eben, der vom Fach ist und uns bestimmt viele tolle Tipps geben kann!", erklärt Lena und freut sich mächtig über ihre eigene Idee.

SUPER
KAU

„Jetzt spann uns nicht schon wieder so auf die Folter!“, regt sich Lars auf. Da verblüfft Lena alle mit ihrer Antwort: „Ich meine natürlich Henks Papa!“, und strahlt über das ganze Gesicht. Sofort bricht ein großes Jubeln aus, denn daran hatte keiner gedacht und das Ganze könnte wirklich funktionieren. Nur Henk wirkt etwas unsicher: „Und was ist, wenn er gar keine Zeit hat? Er muss immer so viel arbeiten und ist oft unterwegs!“

Doch Arjen, wie Henks Papa heißt, hat Zeit! Schnell spricht sich die gute Nachricht herum und schon am nächsten Donnerstag erwartet er die Hockey-Kids am gewohnten Treffpunkt.

„Hast du auch einen Deutschland-Adler?“, will Frederik gleich von ihm wissen. „Nein.“, antwortet der zurück, „Ich habe allerdings lange Zeit in der niederländischen Hauptliga gespielt, also wie in eurer Bundesliga.“

„Und wie heißt du?“, fragt Tom nach, dem beim Wort *Bundesliga* die Augen leuchten.

„Mein Papa heißt Arjen!“, antwortet Henk und hält seinem Vater stolz die Hand, „Wie der berühmte Fußballer!“

Ein anerkennendes Raunen geht durch die kleine Menge und so macht sich die Hockey-Truppe auf den Weg zum Verein. Dort angekommen lässt Arjen die Jungen und Mädchen wie gewohnt erst um den Platz laufen und zeigt ihnen, wie sie ihre Arme und Beine dehnen können. Eifrig folgen alle seinen Bewegungen.

Als Lena darauf gleich mit ihrem pinkfarbenen Schläger auf den Platz marschieren will, wird sie überraschend davon abgehalten. „Moment mal!“, meint Arjen und mit den Händen schwenkend fordert er die kleinen Spieler auf, sich auf die Bank zu setzen.

„Henk hat mir hin und wieder von eurem Training mit Tobi und Elli erzählt. Die beiden machen das wirklich toll und sind sehr gute Jugend-Nationalspieler. Bestimmt habt ihr schon viel von ihnen gelernt.“

Frederik nickt und auch die anderen stimmen seinen Worten zu.

„Dann will ich euch heute erst mal mit etwas Theorie langweilen“, fügt Henks Vater hinzu und zwinkert beschwichtigend. Denn auf trockenes Lernen und Zuschauen hat anscheinend niemand Lust.

„Keine Angst“, fährt er fort, „es dauert nicht lange! Ihr solltet nur wissen, dass Kinder in eurem Alter nur auf dem halben Feld, dem sogenannten Kleinfeld, spielen und auch nur mit fünf Feldspielern und einem Tormann.“

Frederik rechnet angestrengt mit den Fingern nach. „Wir sind aber zu acht! Was ist denn mit den zwei anderen? Werden die nicht mehr gebraucht?“ Im Kopf malt er sich schon aus, dass er als jüngster die AG verlassen muss. Arjen errät seine Gedanken und kann ihn beruhigen: “Während sechs Kinder also auf dem Platz spielen, stehen die übrigen am Rand als Ersatzspieler bereit.“

Frederik atmet erleichtert auf.

Danach erklärt ihnen Henks Papa noch, dass in dieser Altersklasse in zwei Halbzeiten zu je 25 Minuten gespielt wird und wie so ein Spiel tatsächlich verläuft: „Bis zum Anstoß stehen beide Mannschaften jeweils in ihren Spielfeldhälften. Danach geht es dann darum, den Ball möglichst geschickt ins gegnerische Tor zu bekommen.“

Tom kann sich ein gelangweiltes „Ist doch klar!“ gerade noch verkneifen.

„Das wichtigste dabei ist, dass der Ball nur aus dem Schusskreis heraus ins Tor gespielt werden darf. Ansonsten ist das Tor ungültig."

Mit diesen Worten beendet Arjen seine kleine Lektion und baut mit runden Plastikhütchen einen lustigen Parcours auf: Einmal soll der Ball im bekannten Slalom durch sie hindurch gespielt werden. Ein anderes Mal stellen sie einen Gegner dar, dem man ausweichen muss und schließlich spielen sich zwei Kinder im Wechsel und während sie laufen den Ball zu, bis sie das Tor erreichen und es treffen.

So endet die erste Trainingsstunde mit Arjen und seinen Übungen viel zu schnell. Und auch noch am Schultor, das sie wenig später erreichen, ist die Stimmung unter den Hockey-Kindern mehr als begeistert.

Arjens Stimmung hingegen schwindet schlagartig, als er von Frau Blume wenig später am Telefon erfährt, dass das Turnier leider ausfallen muss.

Was werden nur die Kinder dazu sagen?
Wie soll er ihnen das erklären?
Ob er das Turnier noch retten kann?
Wenn ihm nur bloß etwas einfallen würde!

Die Hockey-Kids

Es dauert nicht lange und Henks Vater fällt sogar etwas sehr Gutes ein! Doch davon ahnen Lena, Max und Lars noch nichts. Gemeinsam mit den anderen hocken sie am nächsten Tag wieder zusammen im Gebüsch und reden wild durcheinander.

„Also ich bin kein Auswechselspieler!“, brummt Tom. Anna bestraft ihn dafür sofort mit einem bösen Blick. „Naja“, fährt er fort, „zumindest nicht gleich am Anfang. Die Gegner sollen ruhig gleich merken, dass da ein gefährlicher Stürmer steht!“ Lena ist das egal: „Es ist doch gar nicht wichtig, wer erst mal auf der Bank sitzt und wer nicht. Mir macht das nichts aus. Ich kann noch später ins Feld kommen.“

„Ich auch!“, meldet sich Henk etwas ängstlich.

„Du?“, die anderen sind entsetzt, „Bist du verrückt? Du bist doch unser Tormann den wechseln wir nicht aus!“ „Ach so, stimmt ja“, erwidert Henk enttäuscht.

Auch Clara übernimmt jetzt das Wort: „Also ich glaube ja nicht, dass wir das überhaupt bestimmen dürfen. Wer spielt und wer wartet, das sagen uns doch Elli und Tobi, wenn sie bis dahin wieder da sind."

„Genau!", stimmt Anna ihr gleich zu. Auch Lars nickt und gibt Clara recht: „Und wenn sie noch weg sein sollten, dann muss Arjen uns das sagen. Der ist dann unser Turnierleiter. Nicht wahr, Max?"

Doch Max starrt nur vor sich hin. Bei dem Gedanken an das Turnier überkommt ihn eine unheimliche Angst. Wer wohl die Gegner sind? Wie gut werden die anderen spielen? Ob sie sehr groß sind? Vor seinen Augen verschwimmt das Grün ihres Gebüschs immer mehr zu einem saftigen Hockeyplatz-Grün…

Dann stehen plötzlich Tobi und Elli am Spielfeldrand und geben allen das Zeichen, sich auf ihre Spielfeld-Positionen zu stellen. Lena, Max und Lars sind bereit.

Max schaut sich um und blickt in die entschlossenen Gesichter seiner Mitspieler. Ob er auch gerade so mutig aussieht und … so furchtlos?

Sein Mut verlässt ihn nämlich mit einem Mal, als er auf das gegnerische Spielfeld schaut: Was sich dort aufbaut ist die fieseste Mannschaft, die man sich nur vorstellen kann: Ein Gesicht erscheint grimmiger und kampflustiger als das andere, alle Kerle tragen einheitliche Trikots mit der Aufschrift *Die Stürmer* und was das Allerschlimmste ist, ... es sind riesengroße Spieler! Nie im Leben sind das noch Schüler! Das sind doch Box-Profis oder Entlaufene aus einer Wrestling-Show!

Entmutigt lässt er die Schultern hängen. Sekunden später zuckt er ganz fürchterlich zusammen, als Tobis schriller Anpfiff laut über den Platz hallt und die *Stürmer* auf der anderen Seite ihren Schlachtruf brüllen: „Attacke!“ Voller Angst lässt Max seinen Schläger fallen und hält sich mit beiden Händen die Augen zu.

„Max!“, wird er da gerufen. „Max! Was machst du da?“ Neugierig nimmt Lars Max' Hände von seinen Augen und schaut ihn fragend an.

„Was ist denn mit dir los?“ Erst jetzt merkt Max, dass er mit offenen Augen von seinem schrecklichsten Hockeyspiel geträumt hat.

Erleichtert atmet er auf, sieht Lars an und antwortet: „Ich musste nur mal kurz nachdenken. Das wird ja wohl erlaubt sein!" Dabei versucht er empört zu klingen.

Als Lars ihn noch immer fragend anschaut, erzählt Max von seinen angeblichen Gedanken: „Also, ... Ähm, …" Schnell denkt er sich was aus und dann fällt ihm zum Glück etwas Gutes ein: „Wir brauchen einen Schlachtruf! Irgendwas, so ähnlich wie *Attacke* oder so. Und einen Namen für unsere Mannschaft müssen wir auch haben!" Frederik und die anderen sind beeindruckt: „Toll, was dir so alles einfällt!"

„*Attacke* klingt aber blöd!", meckert Tom, „Wir sind doch nicht auf dem Schlachtfeld!"

„Das war ja auch nur so eine Idee!", wendet Max ein und ist selbst ganz begeistert von seinen Gedanken. Sein kurzer Albtraum war anscheinend doch nicht ganz so schlecht gewesen.

Nach langem Hin und Her einigen sich dann alle Kinder erst mal auf einen Namen für ihre Mannschaft.

„Also *Hockey* muss mit rein", findet Lena. „Dann weiß jeder gleich, was wir machen." Und so wird ihr Vorschlag mit einem eifrigen

Kopfnicken von allen angenommen „Und weil wir ja Kinder sind, setzen wir nur noch das Wort *Kids* dran. Das ist Englisch und heißt *Kinder*", ergänzt Lars.

Frederik, der in der Schule noch kein Englisch lernt, findet das richtig klasse.

Und so gibt es kurz darauf ziemlich verwunderte Blicke im Schulhof, als die Hockey-Kids nicht nur ihren Mannschaftsnamen, sondern gleich ihren großartigen Schlachtruf brüllen:

„Wir sind die Hockey-Kids: Jetzt geht's los!"

Das große Spiel

Der Schlachtruf ist also gefunden und auch mit dem Namen sind alle Kinder sehr zufrieden. „Die Hockey-Kids, ein toller Name!“, findet Lena und streicht dabei ihr rosa T-Shirt glatt.

Nachdem sie sich mit Max, Lars und den anderen im Gebüsch getroffen hatten, war jeder glücklich nach Hause gegangen. Besonders Max schien das Ganze sehr zu gefallen.

Jetzt, wenige Tage später, nimmt Lena auf dem Hockeyplatz ihren pinkfarbenen Schläger in die Hand und schlägt ein paar Bälle ins Tor. „Eigentlich schade!“, findet sie, „Das war jetzt unser letztes Training hier draußen.“ Verträumt hebt sie die Bälle vorsichtig aus dem Tor und streicht mit der Handfläche über den Kunstrasen. Wie das Training wohl in der Halle sein wird? So ganz ohne das schöne Grün!?

Doch weiter kommt sie mit ihren Gedanken nicht, denn plötzlich beginnt es schlagartig zu regnen. Aber nur in ihre Richtung!?

Erst jetzt bemerkt sie einen Rasensprenger, der in der Spielfeldmitte aus dem Boden ragt.

War das Ding schon immer hier? Patschnass rennt sie schnell zu den anderen am Spielfeldrand. „Da bist du ja ganz schön nass geworden. Das tut mir leid“, erklärt Arjen und kann sich aber ein belustigtes Grinsen nicht verkneifen.

Lena ist sauer: „Warst du das? Warum gießt du einen Plastikrasen? Der wächst doch nicht!“ Empört schaut sie auf ihr nasses T-Shirt, das durch das Wasser eine ganz dunkle Farbe angenommen hat. Als sie merkt, dass es aber schnell trocknet, beruhigt sie sich wieder und hört sich Arjens Erklärung an: „Naja, gießen kann man das nicht nennen. So ein Kunstrasen muss regelmäßig gewässert werden. Sonst sind die einzelnen *Grashalme* stumpf und der Ball rollt langsamer über den Rasen. Auch das Laufen ist auf einem nassen Kunstrasen angenehmer und man stürzt nicht so leicht.“

Noch nie war den Hockey-Kids davor aufgefallen, dass hier ein Rasensprenger war. Also erklärt ihnen Henks Papa, dass dieser sehr lange defekt war und leider erst jetzt, am Saisonende, wieder funktioniert. „Aber nach den Ferien braucht ihr sowieso keinen Sprenger mehr. Da seid ihr ja in der Halle."

Etwas traurig schauen sich Lena, Max und Lars dabei an und denken an die vielen schönen Momente zurück, die sie hier gemeinsam verbracht haben. „Denkt ihr auch gerade an unser Turnier?", fragt Max mit leiser Stimme. Er wagt noch immer nicht daran zu denken, gegen eine fremde Mannschaft zu spielen. „Nein", antwortet Lena wehmütig. „Ich musste nur gerade daran denken, wie schön es hier war; auf dem Rasen und mit der Sonne auf der Nase." Rückblickend starren alle drei gemeinsam auf das Grün.

„So, ihr Hockey-Kids!", ruft Arjen sie kurz darauf zu sich, „Bevor wir alle wieder zu Schule gehen, möchte ich mich mal ganz *offiziell* von euch verabschieden."

Verwirrt und überrascht blicken ihn alle Kinder mit großen Augen an. „Jetzt schaut nicht so traurig! Elli und Tobi kommen morgen wieder zurück und werden euch an eurem Turniertag betreuen. Ich war ja nur vorübergehend bei euch."

Dabei bemerkt Lena, wie Arjens Augen mit einem Mal sehr glänzen. Ob er Hockey auch so toll findet? Dann fährt er fort: „Ein richtiges

Turnier wird es nicht sein, denn es gab einige kleine Änderungen. Es wird also eher ein großes Abschiedsspiel von der Feldsaison geben." Während er spricht, kann er die gemischten Gefühle der Kinder in ihren Augen ablesen: Da sind Max, sein Sohn Henk und Frederik, die ihn ängstlich, aber auch neugierig, ansehen; Lena, Lars und Tom, deren Freude sich in ihren glänzenden Augen widerspiegelt und er bemerkt eine gewisse Unsicherheit bei Anna und Clara. So versucht er ihnen noch ein paar aufmunternde Worte mit auf den Weg zu geben: „Ihr braucht keine Angst zu haben. Eure Gegner haben garantiert genauso viel Spaß am Hockeyspiel wie ihr, glaubt mir das. Und egal wie groß sie vielleicht sein werden, lasst euch davon nicht beeindrucken und abschrecken. Es sind bestimmt auch nur *Anfänger*."

Nacheinander streicht er den Kindern freundschaftlich über den Kopf, klopft ihnen aufmunternd auf die Schultern und schüttelt so manchem die Hand. Das letzte Feldtraining ist damit also beendet und alle gehen nachdenklich nach Hause.

Am Tag des großen Abschluss-Spiels herrscht überall große Aufregung. Lena ist morgens schon sehr früh wach geworden und regt sich darüber auf, dass Frederik wieder mal viel zu lange schläft. Max, der sich mittlerweile von seinem letzten Albtraum beruhigt hat, beschleicht eine neue, ängstliche Welle. Am liebsten würde er einfach nicht zum Spiel gehen. Er kann aber schon in seinen Gedanken Lenas ermahnende Stimme hören: „Du kannst doch nicht einfach zu Hause bleiben! Wir brauchen dich! Wir sind doch ein Team! Wenn jeder so denken würde, müsste am Ende sogar einer ganz alleine spielen. Wer in einem Team mitspielt, muss auch für sein Team da sein. Egal ob er Angst hat, oder nicht!" Und so bereitet sich Max mit Lenas Stimme im Kopf auf das große Spiel vor.

Lars sitzt heute schon früh morgens in seinem Zimmer und denkt sich in der Zwischenzeit einige kluge Spielzüge aus.

Später, während des Unterrichts, können sich die Hockey-Kids einfach nicht konzentrieren. Viel zu sehr beschäftigt sie der Gedanke an das Spiel nach der Schule. Tobi und Elli wollen sie wie immer am Schultor erwarten und gemeinsam mit ihnen zum Vereinsgelände laufen.

Und genauso kommt es später auch. Pünktlich um 13:00 Uhr versammelt sich die Hockey Truppe rund um Tobi und Elli. Aufgeregt versucht jeder den beiden zu erzählen, wie Henks Papa doch noch das Training gerettet hat, sie auf das Spiel vorbereiten konnte und dass sie jetzt sogar einen Teamnamen haben: „Die Hockey-Kids!“, rufen sie ihnen glücklich zu. Schließlich laufen sie gemeinsam los.

„Schade, dass Mama nicht dabei sein kann!“, seufzt Frederik. „Ja!“, meint Lena, „Ich dachte, sie würde zusehen. Aber irgendwie kam ihr so ein blöder Termin dazwischen.“

Auch Lars ist ein wenig traurig: „Bei mir ist es genau dasselbe. Erst hat Papa gesagt, er kommt und auf einmal hat er etwas ganz wichtiges vor.“ Schweigend laufen sie weiter.

Am Hockeyplatz angekommen, laufen alle acht Kinder um den großen Platz, um sich ein letztes Mal warm zu machen. Danach geht alles ganz schnell und noch bevor sich bei dem einen oder anderen eine Angst einschleichen kann, beginnt endlich das große Spiel.

„So, ihr Hockey-Kids, versammelt euch mal um uns beide herum und begrüßt eure Gegner!“

Dabei zeigt er mit seiner rechten Hand in Richtung Vereinsgebäude, an dem sich nun eine Tür weit öffnet. Nach und nach erkennen Lena, Max und Lars, wie ihre Gegner aus dem Haus treten und in einer Reihe auf sie zukommen.

„Die sind ja riesig!“, ruft Max entsetzt. Doch da kreischt schon der kleine Frederik laut dazwischen: „Mensch Lena, das ist ja Mama!“ Ungläubig reibt er sich die Augen. Lena kann es nicht fassen: „Und Papa ist auch dabei!“

„Meiner auch! Und Mama!“, stutzt Anna und versucht das Ganze zu begreifen. Dann stehen sich beide Mannschaften gegenüber.

„Da schauscht du, wasch?“, Max kann nur erahnen was ihm seine Mutter gerade mit ihrem Mundschutz gesagt hat.

Das ist echt ein Ding!

„Ich glaube, ...“, meint Elli jetzt, „Ich muss euch Hockey-Kids mal etwas erklären. Nachdem Tobi und ich auf diesem Lehrgang waren, bekam Arjen die Meldung, dass die eigentlichen Gegnerkinder nicht zum Turnier antreten könnten. So hat der also heimlich eure Eltern informiert und gemeinsam hatten sie die fabelhafte Idee, als

Elternmannschaft gegen euch anzutreten. Ist das nicht toll!?“

Langsam weicht die Überraschungsstarre aus Lenas Gesicht in ein breites Grinsen.

Mit einem lauten „Wir sind die Hockey-Kids: Jetzt geht's los!“ stürzen sie sich auf den Kunstrasen und freuen sich wie noch nie auf ein so großartiges Spiel.

Der letzte Tag auf dem Außenplatz, ein letztes Mal die Sonne auf dem verschwitzten Gesicht spüren und ein letztes Mal denken: „Die Hockey AG! Eine echt tolle Idee von Lena!“
Darin sind sich Max und Lars mittlerweile einig.

Ende

Zu guter Letzt

Das letzte Kapitel kann natürlich nicht beendet werden, ohne noch einmal auf das lustige Spiel gegen die tollpatschigen Eltern zurückzukommen.

War das ein Riesenspaß!

Tom konnte sehen, wie sein Vater sehr stolz auf ihn blickte, wenn er wieder mal geschickt den Ball vorantrieb. Und das, obwohl Toms Papa eigentlich Fußball viel lieber mochte und anfänglich gar nicht bei der Überraschung mitmachen wollte.

Clara und Anna waren überglücklich, dass ihre Mütter dabei waren, auch wenn es Anna schon etwas peinlich war, als ausgerechnet ihre Mama der Nase lang hinfiel, um einen Ball vor dem Aus zu bewahren.

Henk und Arjen genossen es, gemeinsam auf dem Platz zu stehen und jeweils das eigene Tor zu hüten.

Der kleine Frederik überraschte seinen verteidigenden Papa gleich zweimal und konnte somit ein tolles zwei zu null sichern.
Ja… und Lena, Max und Lars, unsere drei Freunde, jagten den Ball kreuz und quer über das ganze Feld, gaben sich die wunderbarsten Pässe und vor allem Max vergaß dabei seine große Angst vor den riesigen Gegnern.
Ein besseres Spiel hätten sie sich nicht wünschen können.
Und wenn ihr jetzt auch Lust bekommen habt, selbst ein so tolles Hockeyspiel zu erleben, dann schnappt euch gleich eure besten Freunde und beginnt euer ganz eigenes, großes Hockey-Abenteuer.
Seid selbst…

Die Hockey-Kids!

Danke

Natürlich gilt mein erster Dank meinen Liebsten, die mich seit jeher unterstützen, motivieren, und meine plötzlichen Ideen-Sprudeleien zu jeder Tageszeit verständnisvoll begleiten.

Besonders danke ich den lieben Menschen, die mir gerade bei diesem Buch mit Rat und Tat zur Seite gestanden, mich korrigiert haben und von Beginn an nie an diesem Projekt zweifelten.

Mein größtes Dankeschön jedoch möchte ich all den vielen Hockey-Passionierten aussprechen, die sich tagtäglich um diesen faszinierenden Sport bemühen. Jene, die sich unermüdlich und mit ansteckender Freude am Hockey engagieren und ihn zu dem Erlebnis machen, das ihn so unverwechselbar macht: den Trainern & Trainerinnen.

Und letztlich mein allergrößtes Dankeschön, das ich meinem geduldigen Trainer Tommy widme, der einst meine Leidenschaft für den Hockeysport geweckt und dieses Buch somit erst möglich gemacht hat. Danke euch allen!

Eure Sabine

Nachwort

Mehr Lust auf Hockey??? Hockey ist eine coole Sportart. Im Sommer draußen auf dem Kunstrasen, im Winter in der Halle. Welche Sportart hat das schon?

Mannschaftssport ist sowieso klasse: mit Freunden trainieren, zusammen gewinnen, aber auch mal gemeinsam verlieren. Ob nun für Mädchen mit rosa Glitzer-Schläger oder für „echte Kerle“ – ganz so wie bei den Hockey-Kids.

Unsere Stars, Weltmeister und Olympiasieger, sind Kumpels, oft trifft man sie auf dem einen oder anderen Hockeyplatz. So nah sind sie; zeigen Dir den einen oder anderen Trick.

Hockey spielen nicht so viele, das hat Vorteile. Hart zusammen trainieren und man schafft es vielleicht mal zur Deutschen Meisterschaft oder wird Auswahlspieler seines Bundeslandes.

Toll sind auch ein paar Tage schulfrei, wenn Ihr es schafft Euch mit Eurer Schule für die Endrunde „Jugend trainiert für Olympia“ in Berlin zu qualifizieren. Besucht einfach mal ein Training in Eurer Nähe und lasst Euch anstecken vom Hockey-Virus. Fußball spielt jeder, aber Hockey nur die Besten!

Infos zu Vereinen in Eurer Nähe findet Ihr unter
www.hockey.de

Euer Jan-Hendrik Fischedick

Jan-Hendrik Fischedick
Vizepräsident Sportentwicklung
Deutscher Hockey-Bund e.V.

DHB
Deutscher
Hockey-Bund e.V.

Jan-Hendrik Fischedick, Jahrgang 1963, ist Vizepräsident Sportentwicklung des Deutschen Hockey-Bundes. Seine gesamte Familie ist vom Hockey-Virus infiziert, alle drei Söhne haben diesen Sport lieben gelernt. Fischedick hat vom Elternbetreuer über Jugendwart bis hin in die Verbandspitze fast alle Facetten des Hockeysports kennen gelernt, selbst als passionierter Elternhockeyspieler.

Entdeckt alle weiteren spannenden Abenteuer mit Lena, Max und Lars in Band 2 & 3 und in ihrem Mitmach-Buch Die WORLD Hockey-Kids!

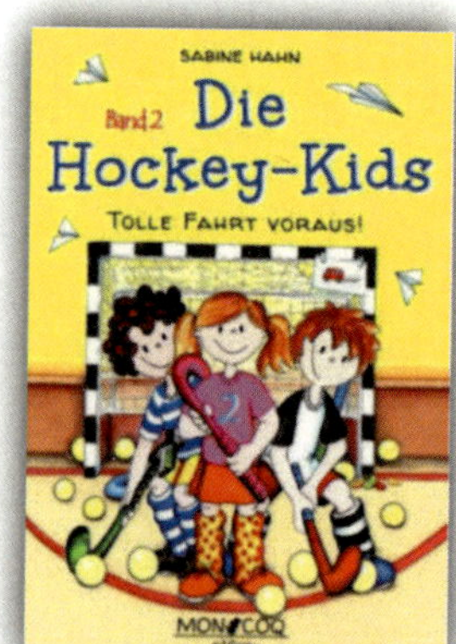

MON COQ
edition